三代世表第一

索隱曰應邵云表者錄其事而見之按禮有表記而鄭玄云表明也謂事微而不著須表明也故言表○正義曰言代者以五帝久古傳記少見夏殷以來乃有尚書略有年月比於五帝事迹易明故舉三代為首表者明也明言事儀

太史公曰五帝三代之記尚矣 索隱曰按此表依帝繫及系本其實敘五帝三代而篇唯名三代系表者以三代代系長遠宜以名篇且三代皆出自五帝故敘三代要從五帝而起首也劉氏云尚猶久古也尚矣之文元出大戴禮彼云黃帝尚矣 自殷以前諸侯不可得而譜 正義曰譜布也列其事也 周以來乃頗可著孔子因史文次春秋紀元年正時日月蓋其詳哉至於序尚書則略無年月或頗有然多闕不可錄故疑則傳疑蓋其慎也余讀諜記 索隱曰諜音牒牒者記系謚之書也下云稽歷譜諜謂歷代之譜諜也 黃帝以來皆有年數稽其歷譜諜終始五德之傳 索隱曰音轉謂帝王更王以金木水火土之五德傳次相承終而復始故云終始五德之傳也 古文咸不同乖異夫子之弗論次其年月豈虛哉於是以五帝繫諜尚書集世紀黃帝以來訖共和為世表 索隱曰按大戴禮有五帝德及帝繫篇蓋太史公取此二篇之諜及尚書集而紀黃帝以來為系表也厲王奔彘周召二公共相王室故曰共和皇甫謐云共伯和干王位言篡也与史迁之說不同蓋異說耳

帝王世國號	顓頊屬	俈屬	堯屬	舜屬	夏屬	殷屬	周屬

黃帝號有熊	帝顓頊黃帝孫起黃帝至顓頊三世	帝俈黃帝曾孫起黃帝至帝俈四世號高辛	帝堯起黃帝至俈子五世號唐堯	帝舜黃帝玄孫之玄孫號虞	帝禹黃帝耳孫號夏
黃帝生昌意	昌意生顓頊爲高陽氏				
黃帝生玄囂	玄囂生蟜極	蟜極生高辛高辛生帝俈索隱曰黃帝玄孫			
黃帝生玄囂	玄囂生蟜極	蟜極生高辛高辛生放勛	放勛爲堯		
黃帝生昌意	昌意生顓頊顓頊生窮蟬索隱曰系本作窮係宋衷云窮係謚也	窮蟬生敬康敬康生句望	句望生蟜牛蟜牛生瞽叟	瞽叟生重華是爲帝舜	
黃帝生昌意	昌意生顓頊			顓頊生鯀鯀生文命索隱曰漢書顓頊五代而生鯀此及帝系皆云顓頊生鯀是古文闕其代系也	文命是爲禹
黃帝生玄囂	玄囂生蟜極蟜極生高辛	高辛生卨	卨爲殷祖	卨生昭明	昭明生相土
黃帝生玄囂	玄囂生蟜極蟜極生高辛	高辛生后稷爲周祖	后稷生不窋	不窋生鞠	鞠生公劉

帝啓	伐有扈作甘誓
帝太康	
帝仲康	太康弟
帝相	
帝少康	
帝予	索隱曰直呂反亦作宁○正義曰相爲過澆所滅后緡歸有仍生少康其子予復禹績
帝槐	索隱曰音回一音懷系本作芬
帝芒	索隱曰音亡一作荒
帝泄	索隱曰音薛
帝不降	

相土生昌若
昌若生曹圉
曹圉生冥
冥生振
振生微
微生報丁
報丁生報乙
報乙生報丙
報丙生主壬
主壬生主癸
主癸生天乙是爲殷湯
從湯至黃帝十七世

公劉生慶節
慶節生皇僕
皇僕生差弗
差弗生毁渝
毁渝生公非
公非生高圉
高圉生亞圉
亞圉生公祖類
公祖類生太王亶父
亶父生季歷
季歷生文王昌益易卦
文王昌生武王發

帝扃 不降弟。索隱曰古熒反

帝廑 索隱曰其靳反又音勤

帝孔甲 不降子好鬼神淫亂不好德二龍去

帝皋 索隱曰宋衷云墓在崤南陵

帝發 索隱曰帝皋子也系本云帝皋生發及履癸履癸一名桀

帝履癸 是爲桀

從禹至桀十七世從黄帝至桀二十世

殷湯代夏氏殷湯 從黄帝至湯十七世

帝外丙 湯太子太丁蚤卒故立次弟外丙

帝仲壬 外丙弟

帝太甲 故太子太丁子淫伊尹放之桐宮三年悔過自責伊尹乃迎之復位

帝沃丁 伊尹卒

帝太庚 沃丁弟

帝小甲 太庚弟殷道衰諸侯或不至。索隱曰殷本紀及系本皆云小甲太康子

帝雍己 小甲弟

帝太戊 雍己弟以桑穀生稱中宗

帝中丁 俗本作仲丁

帝外壬 中丁弟

帝河亶甲 外壬弟

帝祖乙

帝祖辛

帝沃甲 祖辛弟○索隱曰系本作開甲

帝祖丁 祖辛子

帝南庚 沃甲子

帝陽甲 祖丁子

帝盤庚 陽甲弟從河南

帝小辛 盤庚弟

帝小乙 小辛弟

帝武丁 雉升鼎耳雊得傅說稱高宗

帝祖庚

帝甲 祖庚弟淫徐廣曰一云淫德殷衰

帝廩辛 索隱曰或作馮辛系本作祖辛誤也按上祖乙已生祖辛故知非也

帝庚丁 廩辛弟殷從河北

帝武乙 慢神震死

帝太丁

帝乙 殷益衰

帝辛 是爲紂弑

從湯至紂二十九世從黃帝至紂四十六世

周武王伐殷 從黃帝至武王十九世

	成王誦 索隱曰本或作庸非	康王釗 刑錯四十餘年 索隱曰克堯反又音昭	昭王瑕 南巡不返不赴諱之○索隱曰音遐 宋衷云昭王南伐楚辛由靡爲右涉漢中流而隕由靡承王遂卒不復周乃侯其後于西翟也	穆王滿 作甫刑荒服不至
魯	周公旦 初封 武王弟	魯公伯禽	考公	煬公 考公弟
齊	太公尚 初封 文王武王師	丁公呂伋	乙公	癸公
晉	唐叔虞 初封 武王子	晉侯燮	武侯	成侯
秦	惡來助紂父飛廉有力 初封	女防	旁皋	大几
楚	熊繹繹父鬻熊 初封 事文王	熊乂	熊䵣 索隱曰吐感反又徒感反又杜減反鄒氏又作黮音	熊勝
宋	微子啓 初封 紂庶兄	微仲 啓弟	宋公	丁公
衛	康叔 初封 武王弟	康伯 索隱曰康叔子王孫牟父也	孝伯	嗣伯
陳	胡公滿 初封 舜之後	申公	相公	孝公
蔡	蔡叔度 初封 武王弟	蔡仲	蔡伯	宮侯
曹	叔振鐸 初封 武王弟		太伯	仲君
燕	召公奭 初封 周同姓	九世至惠侯		

恭王伊扈	幽公	哀公	厲侯	大駱	熊煬	湣公 丁公弟	疐伯 索隱曰音捷	慎公	厲侯	宮伯	
懿王堅 周道衰詩人作刺	魏公 索隱曰系本作微公名弗其	胡公	靖侯	非子	熊渠	煬公 湣公弟	靖伯	幽公	武侯	孝伯	
孝王方 懿王弟	厲公	獻公 弒胡公		秦侯	熊無康	厲公	貞伯	釐公		夷伯	
夷王燮 懿王子	獻公 厲公弟	武公		公伯	熊摯紅	釐公	頃侯				
厲王胡 以惡聞遇亂出奔遂死于彘	眞公			秦仲	熊延 紅弟		釐侯				
共和 二伯行政	武公 眞公弟				熊勇						

張夫子問褚先生曰索隱曰褚先生名少孫元成間爲博士張夫子未詳詩言契后稷皆無父而生今案諸傳記咸言有父父皆黃帝子也索隱曰按上契及后稷皆帝嚳子此云黃帝子者謂是黃帝之子孫耳按嚳是黃帝曾孫而契棄是玄孫也得無與詩謬乎褚先生曰不然詩言契生於郊后稷人迹者欲見其有天命精誠之意耳

鬼神不能自成須人而生奈何無父而生乎一言有父一言無父信以傳信疑以傳疑故兩言之堯知契稷皆賢人天之所生故封之契七十里後十餘世至湯王天下堯知后稷子孫之後王也故益封之百里其後世且千歲至文王而有天下詩傳曰湯之先爲契無父而生契母與姊妹浴於玄丘水有燕銜卵墮之契母得故含之誤吞之即生契（索隱曰按史所引出詩緯故曰詩傳殷本紀云玄鳥翔水遺卵娀簡狄取而吞之）契生而賢堯立爲司徒姓之曰子氏子者兹兹益大也詩人美而頌之曰殷社（詩云土）芒芒

天命玄鳥降而生商商者質殷號也文王之先爲后稷后稷亦無父而生后稷母爲姜嫄（索隱曰有郃氏之女也韋昭云姜姓嫄字也）出見大人蹟而履踐之知於身則生后稷姜嫄以爲無父賤而棄之道中羊牛避不踐也抱之山中（抱音普茅反○索隱曰抱又如字）山者養之又捐之大澤鳥覆席食之姜嫄怪之於是知其天子乃取長之堯知其賢才立以爲大農姓之曰姬氏姬者本也詩人美而頌之曰厥初生民深修益成而道后稷之始也孔子曰昔者堯命契爲子氏爲有湯也命后稷爲姬氏爲有文王也

太王命季歷明天瑞也太伯之吴遂生源也索隱曰言太伯之讓季歷居吴不反者欲使傳文王武王撥亂反正成周道遂天下生生之原本也天命難言非
聖人莫能見舜禹契后稷皆黄帝子孫也黄帝策
天命而治天下德澤深後世故其子孫皆復立為
天子是天之報有德也人不知以為氾從布衣匹
夫起耳夫布衣匹夫安能無故而起王天下乎其
有天命然黄帝後世何王天下之久遠邪曰傳云
天下之君王為萬夫之黔首請贖民之命者帝有
福萬世黄帝是也五政明則脩禮義因天時舉兵
征伐而利者王有福千世蜀王黄帝後世也索隱曰按系本蜀無姓相承云黄帝後世子孫也且黄帝二十五子分封賜姓或於蠻夷蓋當然也蜀王本紀云朱提有男子杜宇從天而下自稱望帝亦蜀王也則杜姓出唐杜氏蓋陸終氏之胤亦黄帝之後也○正義曰譜記普云蜀之先肇於人皇之際皇帝與子昌意娶蜀山氏女生帝俈立封其支庶於蜀歷虞夏商周衰先稱王者蠶叢國破子孫居姚嶲等處
至今在漢西南五千里常來朝降輸獻於漢非
以其先之有德澤流後世邪行道德豈可以忽
乎哉人君王者舉而觀之漢大將軍霍子孟名
光者亦黄帝後世也索隱曰按系本云霍國眞姓後周武王封弟叔處於霍是姬姓亦黄帝後也此可為博聞遠見者言固難為淺聞者說
也何以言之古諸侯以國為姓霍者國名也武
王封弟叔處於霍後世晉獻公滅霍公後世為

庶民往來居平陽平陽在河東河東晉地分爲魏國以詩言之亦可爲周世周起后稷后稷無父而生以三代世傳言之后稷有父名高辛高辛黃帝曾孫黃帝終始傳曰索隱曰蓋謂五行讖緯之說若今之童謡也漢興百有餘年有人不短不長出自燕之鄉正義本作燕正義曰一作白彘按霍光平陽人平陽今晉州霍邑本秦時霍伯國漢爲彘縣後漢改彘曰永安隋又改爲霍邑遍檢記傳無白燕之名疑白彘是鄉之名持天下之政時有嬰兒主索隱曰謂昭帝也郤行車索隱曰言霍光持政擅權過帝令如郤行車使不前也霍將軍者本居平陽自燕臣爲郎時與方士考功正義曰謂方士最年老爲功也會旗亭下西京賦曰旗亭五里薛綜曰旗亭市樓也立旗於上故取名焉爲臣

言豈不偉哉索隱曰褚先生蓋腐儒也設主客引詩傳云契棄無父及據帝系皆帝嚳之子是也而末引蜀主霍光竟欲證何事而言之不經蕪穢正史輒云豈不偉哉一何誣也

索隱述贊曰高辛之胤大啓禎祥脩己吞薏石紐興王天命玄鳥簡狄生商姜嫄履跡祚流岐昌俱膺曆運互有興亡風餘周召刑措成康出彘之後諸侯日彊

三代世表第一　史記十三

十二諸侯年表第二　史記十四

索隱曰篇言十二實叙十三者賤夷狄不數吳又霸在後故也不數吳而叙之者闔閭霸盟上国故也

太史公讀春秋曆譜諜索隱曰案劉杳云三代系表旁行邪上並效周譜譜起周代藝文志有古帝王譜又自古爲春秋學者有年曆譜諜之說故杜元凱作春秋長曆及公子譜蓋因於舊說故太史公得讀焉也至周厲王未嘗不廢書而歎也曰嗚呼師摯見之矣鄭玄曰師摯太師之名周道衰微鄭衛之音作正樂廢而失節魯太師摯識關雎之聲首理其亂也紂爲象箸而箕子唏索隱曰鄒氏及劉氏箸皆音直慮反即筯也今案箕子云爲象箸必爲玉杯則箸者是㯪也音治略反唏歎聲音許旣反又音希希亦聲餘故記曰夫子曰嘻其甚也亦音餘周道缺詩人本之衽席關雎作仁義陵遲鹿鳴刺焉及至厲王以惡聞其過索隱曰惡音烏故反過音古臥反故国語云厲王止謗道路以目是公卿懼誅而禍作厲王遂奔于彘索隱曰彘地名在河東後爲永安縣也亂自京師始而共和行政焉是後或力政彊乘弱興師不請天子然挾王室之義索隱曰挾音協以討伐爲會盟主政由五伯索隱曰伯音霸五伯者齊桓公晉文公秦穆公宋襄公楚莊王也諸侯恣行索隱曰行音下孟反淫侈不軌賊臣篡子滋起矣齊晉秦楚其在成周微甚封或百里或五十里晉阻三河齊負東海楚介江淮索隱曰介音界介言楚以江淮爲界一云介者夾也秦因雍州之固四國迭興更爲伯主文武所褒大封皆威而服焉是以孔子明王道干七十餘君莫能用故西觀周室論

史記舊聞興於魯而次春秋上記隱下至哀之獲麟約其辭文去其煩重索隱曰去音羌呂反重音逐龍反言約史記修春秋去其重複之文也以制義法王道備人事浹七十子之徒口受其傳指索隱曰傳音逐宣反爲有所刺譏褒諱挹損之文辭不可以書見也魯君子左丘明懼弟子人人異端各安其意失其眞故因孔子史記具論其語成左氏春秋鐸椒爲楚威王傅爲王不能盡觀春秋采取成敗卒四十章爲鐸氏微索隱曰鐸椒所撰名鐸氏微者春秋有微婉之辭故也趙孝成王時其相虞卿上采春秋下觀近勢亦著八篇爲虞氏春秋正義曰按其文八篇藝文志云十五篇虞卿撰呂不韋者秦莊襄王相亦上觀尚古刪拾春秋集六國時事以爲八覽六論十二紀爲呂氏春秋及如荀卿孟子公孫固韓非之徒各往往捃摭春秋之文以著書不可勝紀索隱曰荀況孟軻韓非皆著書自稱子宋有公孫固无所述此固蓋齊人韓固傳詩者也漢相張蒼歷譜五德索隱曰按張蒼著終始五德傳也上大夫董仲舒推春秋義頗著文焉索隱曰作春秋繁露是

太史公曰儒者斷其義馳說者騁其辭不務綜其終始歷人取其年月數家索隱曰數音踈具反謂陰陽術數之家也隆於神運徐廣曰一作通也譜諜獨記世謚其辭略欲一

觀諸要難（索隱曰觀音官難音奴丹反）於是譜十二諸侯自共和訖孔子表見春秋國語學者所譏盛衰大指著于篇爲成學治古文者（徐廣曰一云治國聞者也）要删焉（索隱曰言表見春秋國語本爲成季之人攻文之士以欲覽其要故删爲此篇焉）

		庚申
周		共和元年以宣王少大臣共和行政徐廣
魯	真公濞（索隱曰系本作慎公摯鄭誕本	作慎公嘷真公伯禽之玄孫）十五年一云十四年
齊	武公壽（索隱曰太公五代孫獻公子也）	十年（宋衷曰武公十年宣王大臣共行政故號曰共和十四年宣王即位）
晉	靖侯宜臼（索隱曰唐叔五代孫厲侯	之子宋衷曰唐叔巳下五代無年紀）十八年
秦	秦仲（索隱曰非子曾孫公伯之子宣王命	爲大夫誅西戎也）四年
楚	熊勇（索隱曰楚芊姓鬻熊之後因氏熊	熊勇熊延之子熊繹九代孫）七年
宋	釐公（索隱曰微仲七代孫厲公之子）	十八年
衛	釐侯（索隱曰康叔七代孫頃侯之子頃侯	賂周始命爲侯）十四年
陳	幽公寧（索隱曰胡公五代孫也）	十四年
蔡	武侯（索隱曰蔡仲五代孫也）	二十三年
曹	夷伯（索隱曰名喜振鐸六代孫也）	二十四年
鄭		
燕	惠侯（索隱曰召公奭九世孫也）	二十四年
吳		

日自共和元年歲在庚申訖敬王四十三年凡三百六十五年共和在春秋前一百一十九年○索隱曰宣王少周召二公共相王室故曰共和宣王厲王之子也

			甲子	
二 厲王子居召公宮是為宣王	三	四	五	六
十六	十七	十八	十九	二十
十一	十二	十三	十四	十五
晉釐侯司徒元年	二	三	四	五
五	六	七	八	九
八	九	十	楚熊嚴元年	二
十九	二十	二十一	二十二	二十三
十五	十六	十七	十八	十九
十五	十六	十七	十八	十九
二十四	二十五	二十六	蔡夷侯元年	二
二十五	二十六	二十七	二十八	二十九
二十五	二十六	二十七	二十八	二十九

七	八	九	十	十一	十二	十三	十四 宣王即位共和罷。索隱曰二相還政宣王稱元年也
二十一	二十二	二十三	二十四	二十五	二十六	二十七	二十八
十六	十七	十八	十九	二十	二十一	二十二	二十三
六	七	八	九	十	十一	十二	十三
十	十一	十二	十三	十四	十五	十六	十七
三	四	五	六	七	八	九	十
二十四	二十五	二十六	二十七	二十八	宋惠公覵元年索隱曰覵音閑又音下板反	二	三
二十	二十一	二十二	二十三	二十四	二十五	二十六	二十七
二十	二十一	二十二	二十三	陳釐公孝元年	二	三	四
三	四	五	六	七	八	九	十
二十	曹幽伯彊元年	二	三	四	五	六	七
三十	三十一	三十二	三十三	三十四	三十五	三十六	三十七

甲戌						
宣王元年厲王子	二	三	四	五	六	七
二十九	三十	魯武公敖元年	二	三	四	五
二十四	二十五	二十六	齊厲公无忌元年	二	三	四
十四	十五	十六	十七	十八	晉獻公籍元年	二
十八	十九	二十	二十一	二十二	二十三	秦莊公元年
楚熊霜元年	二	三	四	五	六	楚熊徇
四	五	六	七	八	九	十
二十八	二十九	三十	三十一	三十二	三十三	三十四
五	六	七	八	九	十	十一
十一	十二	十三	十四	十五	十六	十七
八	九	曹戴伯鮮元年	二	三	四	五
三十八	燕釐侯莊元年 索隱曰徐廣云二元莊字按燕失年紀及君名此言莊者衍字也	二	三	四	五	六

				甲申					
	八	九	十	十一	十二	十三	十四	十五	十六
	六	七	八	九	十	魯懿公戲元年	二	三	四
	五	六	七	八	九	齊文公赤元年	二	三	四
	三	四	五	六	七	八	九	十	十一
索隱曰其名也案秦之先公並不記名恐非其名	二	三	四	五	六	七	八	九	十
元年	二	三	四	五	六	七	八	九	十
	十一	十二	十三	十四	十五	十六	十七	十八	十九
	三十五	三十六	三十七	三十八	三十九	四十	四十一	四十二	衛武公和元年
	十二	十三	十四	十五	十六	十七	十八	十九	二十
	十八	十九	二十	二十一	二十二	二十三	二十四	二十五	二十六
	六	七	八	九	十	十一	十二	十三	十四
	七	八	九	十	十一	十二	十三	十四	十五

				甲午	
十七	十八	十九	二十	二十一	二十二
五	六	七	八	九	魯孝公稱元年伯御立爲君稱爲諸公子云伯御武公孫
五	六	七	八	九	十
穆侯弗生元年索隱曰按系家名費生或作濆生系本名弗生則生是穆公之名費濆弗不同爾	二	三	四取齊女爲夫人	五	六
十一	十二	十三	十四	十五	十六
十一	十二	十三	十四	十五	十六
二十	二十一	二十二	二十三	二十四	二十五
二	三	四	五	六	七
二十一	二十二	二十三	二十四	二十五	二十六
二十七	二十八	蔡釐侯所事元年	二	三	四
十五	十六	十七	十八	十九	二十
					鄭桓公友元年始封周宣王母弟○索隱曰宣王二十
十六	十七	十八	十九	二十	二十一

	二十三	二十四	二十五	二十六	二十七	二十八	二十九
	二	三	四	五	六	七	八
	十一	十二	齊成公說元年 索隱曰系家說作脫	二	三	四	五
	七以伐條生太子仇	八	九	十以千畝戰生仇弟成師二子名反君子譏之後乱	十一	十二	十三
	十七	十八	十九	二十	二十一	二十二	二十三
	十七	十八	十九	二十	二十一	二十二	楚熊鄂元年
	二十六	二十七	二十八	二十九	三十	三十一宋惠公薨	宋戴公立元年
	八	九	十	十一	十二	十三	十四
	二十七	二十八	二十九	三十	三十一	三十二	三十三
	五	六	七	八	九	十	十一
	二十一	二十二	二十三	二十四	二十五	二十六	二十七
二年封之鄭立三十六年与幽王俱死犬戎	二	三	四	五	六	七	八
	二十二	二十三	二十四	二十五	二十六	二十七	二十八

	甲辰							
三十	三十一	三十二	三十三	三十四	三十五	三十六	三十七	三十八
九	十	十一周宣王誅伯御立其弟稱是為孝公	十二	十三	十四	十五	十六	十七
六	七	八	九	齊莊公贖元年	二	三	四	五
十四	十五	十六	十七	十八	十九	二十	二十一	二十二
二十四	二十五	二十六	二十七	二十八	二十九	三十	三十一	三十二
二	三	四	五	六	七	八	九	楚若敖元年索隱曰能儀也号若敖
二	三	四	五	六	七	八	九	十
十五	十六	十七	十八	十九	二十	二十一	二十二	二十三
三十四	三十五	三十六	陳武公靈元年	二	三	四	五	六
十二	十三	十四	十五	十六	十七	十八	十九	二十
二十八	二十九	三十	曹惠公伯雉元年索隱曰雉一作兕	二	三	四	五	六
九	十	十一	十二	十三	十四	十五	十六	十七
二十九	三十	三十一	三十二	三十三	三十四	三十五	三十六	燕頃侯元年

		甲寅						
三十九	四十	四十一	四十二	四十三	四十四	四十五	四十六	幽王元年
十八	十九	二十	二十一	二十二	二十三	二十四	二十五	二十六
六	七	八	九	十	十一	十二	十三	十四
二十三	二十四	二十五	二十六	二十七穆侯卒弟殤叔自立太子仇出奔	晉殤叔元年	二	三	四仇攻殺殤叔立為文侯
三十三	三十四	三十五	三十六	三十七	三十八	三十九	四十	四十一
二	三	四	五	六	七	八	九	十
十一	十二	十三	十四	十五	十六	十七	十八	十九
二十四	二十五	二十六	二十七	二十八	二十九	三十	三十一	三十二
七	八	九	十	十一	十二	十三	十四	十五
二十一	二十二	二十三	二十四	二十五	二十六	二十七	二十八	二十九
七	八	九	十	十一	十二	十三	十四	十五
十八	十九	二十	二十一	二十二	二十三	二十四	二十五	二十六
二	三	四	五	六	七	八	九	十

			甲子					
二 三川震	三 王取褒姒	四	五	六	七	八	九	十
二十七	二十八	二十九	三十	三十一	三十二	三十三	三十四	三十五
十五	十六	十七	十八	十九	二十	二十一	二十二	二十三
晉文侯仇元年	二	三	四	五	六	七	八	九
四十二	四十三	四十四	秦襄公元年	二	三	四	五	六
十一	十二	十三	十四	十五	十六	十七	十八	十九
二十	二十一	二十二	二十三	二十四	二十五	二十六	二十七	二十八
三十三	三十四	三十五	三十六	三十七	三十八	三十九	四十	四十一
陳夷公說元年	二	三	陳平公燮元年	二	三	四	五	六
三十	三十一	三十二	三十三	三十四	三十五	三十六	三十七	三十八
十六	十七	十八	十九	二十	二十一	二十二	二十三	二十四
二十七	二十八	二十九	三十	三十一	三十二	三十三	三十四	三十五
十一	十二	十三	十四	十五	十六	十七	十八	十九

					甲戌		
十一 幽王為犬戎所殺	平王元年 東徙雒邑	二	三		四	五	六
三十六	三十七	三十八	魯惠公弗	湟元年 索隱曰系家作弗湟系本作弗皇	二	三	四
二十四	二十五	二十六	二十七		二十八	二十九	三十
十	十一	十二	十三		十四	十五	十六
七 始列為諸侯	八 初立西時祠皇帝	九	十		十一	十二 伐戎至岐而死	秦文公元年
二十	二十一	二十二	二十三		二十四	二十五	二十六
二十九	三十	三十一	三十二		三十三	三十四	宋武公司空元年
四十二	四十三	四十四	四十五		四十六	四十七	四十八
七	八	九	十		十一	十二	十三
三十九	四十	四十一	四十二		四十三	四十四	四十五
二十五	二十六	二十七	二十八		二十九	三十	三十一
三十六 以幽王故為犬戎所殺	鄭武公元年 索隱曰名滑突滑一作掘並音胡忽反	二	三		四	五	六
二十	二十一	二十二	二十三		二十四	燕哀侯元年	二

							甲申
七	八	九	十	十一	十二	十三	十四
五	六	七	八	九	十	十一	十二
三十一	三十二	三十三	三十四	三十五	三十六	三十七	三十八
十七	十八	十九	二十	二十一	二十二	二十三	二十四
二	三	四	五	六	七	八	九
二十七	楚霄敖元年 索隱曰按系家若敖子熊坎立是為霄敖此作霄敖恐是霄變為霄也劉伯莊但隨字而音更不分析	二	三	四	五	六	楚蚡冒元年 索隱曰
二	三	四	五	六	七	八	九
四十九	五十	五十一	五十二	五十三	五十四	五十五	衛莊公
十四	十五	十六	十七	十八	十九	二十	二十一
四十六	四十七	四十八	蔡共侯興元年	二	蔡戴侯元年	二	三
三十二	三十三	三十四	三十五	三十六	曹穆公元年	二	三
七	八	九	十 取申侯女武姜	十一	十二	十三	十四 生莊公寤生
燕鄭侯元年	二	三	四	五	六	七	八

	十五	十六	十七	十八	十九	二十	二十一	二十二
	十三	十四	十五	十六	十七	十八	十九	二十
	三十九	四十	卌一	四十二	四十三	四十四	四十五	四十六
	二十五	二十六	二十七	二十八	二十九	三十	三十一	三十二
	十作鄜時	十一	十二	十三	十四	十五	十六	十七
鄒氏云蚡一作粉音憤冒音亡報反又音默	二	三	四	五	六	七	八	九
	十	十一	十二	十三	十四	十五	十六	十七
楊元年	二	三	四	五	六	七	八	九
	二十二	二十三	陳文公圉元年生桓公鮑厲公他他母蔡女	二	三	四	五	六
	四	五	六	七	八	九	十	蔡宣侯指論元年
	曹桓公終生元年	二	三	四	五	六	七	八
	十五	十六	十七生大叔段	十八	十九	二十	二十一	二十二
	九	十	十一	十二	十三	十四	十五	十六

			甲午					
二十三	二十四	二十五	二十六	二十七	二十八	二十九	三十	三十一
二十一	二十二	二十三	二十四	二十五	二十六	二十七	二十八	二十九
四十七	四十八	四十九	五十	五十一	五十二	五十三	五十四	五十五
三十三	三十四	三十五	晉昭侯元年封其季弟成師于曲沃曲沃大於国君子譏曰晉人乱自曲沃始矣	二	三	四	五	六
十八	十九作祠陳寶	二十	二十一	二十二	二十三	二十四	二十五	二十六
十	十一	十二	十三	十四	十五	十六	十七	武王立
十八生魯桓公母	宋宣公力元年	二	三	四	五	六	七	八
十	十一	十二	十三	十四	十五	十六	十七愛妾子州吁州吁好兵	十八
七	八	九	十文公卒	桓公元年	二	三	四	五
二	三	四	五	六	七	八	九	十
九	十	十一	十二	十三	十四	十五	十六	十七
二十三	二十四	二十五	二十六	二十七	母欲立段公不聽鄭莊公寤生元年祭仲生	二	三	四
十七	十八	十九	二十	二十一	二十二	二十三	二十四	二十五

		甲辰					
三十二	三十三	三十四	三十五	三十六	三十七	三十八	三十九
三十	三十一	三十二	三十三	三十四	三十五	三十六	三十七
五十六	五十七	五十八	五十九	六十	六十一	六十二	六十三
潘父殺昭侯納成師不克昭侯子立是爲孝侯○索隱曰昭侯文侯仇之子系家云晉大臣潘父殺昭侯迎曲沃桓叔晉人攻之立昭侯子平是爲孝侯	二	三	四	五	六	七	八
二十七	二十八	二十九	三十	三十一	三十二	三十三	三十四
二	三	四	五	六	七	八	九
九	十	十一	十二	十三	十四	十五	十六
十九	二十	二十一	二十二	二十三	夫人无子桓公立衛桓公完元年	二弟州吁驕完黜之出奔	三
六	七	八	九	十	十一	十二	十三
十一	十二	十三	十四	十五	十六	十七	十八
十八	十九	二十	二十一	二十二	二十三	二十四	二十五
五	六	七	八	九	十	十一	十二
二十六	二十七	二十八	二十九	三十	三十一	三十二	三十三

					甲寅			
四十	四十一	四十二	四十三		四十四	四十五	四十六	四十七
三十八	三十九	四十	四十一		四十二	四十三	四十四	四十五
六十四	齊釐公祿父元年	二同母弟夷仲生公孫毋知也	三		四	五	六	七
九曲沃桓叔成師卒子代立為莊伯	十	十一	十二		十三	十四	十五	十六曲沃莊伯殺孝侯晉人立孝侯子郄為鄂晉鄂侯郄
三十五	三十六	三十七	三十八		三十九	四十	四十一	四十二
十	十一	十二	十三		十四	十五	十六	十七
十七	十八	十九公卒命立弟和為穆公	宋穆公和元年		二	三	四	五
四	五	六	七		八	九	十	十一
十四	十五	十六	十七		十八	十九	二十	二十一
十九	二十	二十一	二十二		二十三	二十四	二十五	二十六
二十六	二十七	二十八	二十九		三十	三十一	三十二	三十三
十三	十四	十五	十六		十七	十八	十九	二十
三十四	三十五	三十六	燕穆	侯元年	二	三	四	五

四十八	四十九	五十	五十一	桓王元年
四十六	魯隱公息姑元年母聲子徐廣曰春秋隱元年歲在己未索隱曰系家名息系本名息如也	二	三二月日蝕	四
八	九	十	十一	二十
元年曲沃彊於晉索隱曰有本郤作都者誤也都邑郤其名	二	三	四	五
四十三	四十四	四十五	四十六	四十七
十八	十九	二十	二十一	二十二
六	七	八	九公屬孔父立殤公馮奔鄭	宋殤公與夷元年
十二	十三	十四	十五	十六州吁弒公自立
二十二	二十三	二十四	二十五	二十六衛石碏來告故執州吁
二十七	二十八	二十九	三十	三十一
三十四	三十五	三十六	三十七	三十八
二十一	二十二段作亂奔	二十三公悔思母不見穿地相見	二十四侵周取禾	二十五
六	七	八	九	十

	甲子				
二 使虢公伐晉之曲沃	三	四	五	六	七
五 公觀魚于棠君子譏之	六 鄭人來渝平	七	八 易許田君子譏之	九 三月大雨雹	十
十三	十四	十五	十六	十七	十八
六 鄂侯卒曲沃莊伯復攻晉立鄂侯子光為哀侯	晉哀侯光元年	二 莊伯卒子稱立為武公	三	四	五
四十八	四十九	五十	秦寧公元年	二	三
二十三	二十四	二十五	二十六	二十七	二十八
二 鄭伐我我伐鄭	三	四	五	六	七 諸侯敗我我師与衛人伐鄭
衛宣公晉元年共立之討州吁	二	三	四	五	六
二十七	二十八	二十九	三十	三十一	三十二
三十二	三十三	三十四	三十五	蔡桓侯封人元年	二
三十九	四十	四十一	四十二	四十三	四十四
二十六	二十七 始朝王王不禮	二十八	二十九 與魯璧易許田	三十	三十一
十一	十二	十三	十四	十五	十六

						甲戌
八	九	十		十一	十二	十三伐鄭
十一大夫翬請殺桓公求為相公不聽即殺公	魯桓公允元年母宋武公女生手文為魯夫人索隱曰允一作兀音五忽反徐廣云一作軌	二宋賂以鼎入於太廟	君子譏之	三翬迎女齊侯送女君子譏之	四	五
十九	二十	二十一		二十二	二十三	二十四
六	七	八		晉小子元年	二	三
四	五	六		七	八	九
二十九	三十	三十一		三十二	三十三	三十四
八	九	華督見孔父妻好悅之	華督殺孔父及殤公宋公馮元年華督為相	二	三	四
七	八	九		十	十一	十二
三十三	三十四	三十五		三十六	三十七	三十八
三	四	五		六	七	八
四十五	四十六	四十七		四十八	四十九	五十
三十二	三十三以璧加魯易許田	三十四		三十五	三十六	三十七伐周傷王
十七	十八	燕宣	侯元年	二	三	四

十四	十五	十六	十七	十八	十九	二十	二十一
六	七	八	九	十	十一	十二	十三
二十五 山戎伐我	二十六	二十七	二十八	二十九	三十	三十一	三十二
曲沃武公殺小子因伐曲沃立晉哀侯弟湣爲晉侯晉侯湣元年 索隱曰湣音旻	二	三	四	五	六	七	八
十	十一	十二	秦出公元年	二	三	四	五
三十五 侵隨隨爲善政得止	三十六	三十七 伐隨弗拔但盟罷兵	三十八	三十九	四十	四十一	四十二
五	六	七	八	九	十 執蔡仲	十一	十二
十三	十四	十五	十六	十七	十八 太子伋弟壽爭死	十九	衛惠公朔元年
弟他殺太子免代立國乱再赴 陳厲公他元年 索隱曰他音徒何反 陳大夫五父後立爲厲公	二 生敬仲完	三 周史卜完後世齊王	四	五	六	七 公淫蔡蔡殺公	陳莊公林元年
九	十	十一	十二	十三	十四	十五	十六
五十一	五十二	五十三	五十四	五十五	曹莊公射姑元年	二	三
三十八 太子忽救齊齊將妻之	三十九	四十	四十一	四十二	四十三	鄭厲公突元年	二
五	六	七	八	九	十	十一	十二

		甲申			
	二十二	二十三	莊王元年生子頽	二有兄弟	三
	十四	十五天王求車非礼	十六公會晉謀伐鄭	十七日蝕不書日官失之	十八公与夫人如齊齊侯通焉使彭生殺公於車上
毋知釐公令秩服如太子	三十三	齊襄公諸兒元年貶毋知秩服毋知怨	二	三	四殺魯桓公誅彭生
	九	十	十一	十二	十三
	六三公殺出公立其兄武公	秦武公元年彭至華山	二	三	四
	四十三	四十四	四十五	四十六	四十七
	十三	十四	十五	十六	十七
	二	三朔奔齊立黔牟	衛黔牟元年	二	三
桓公子	二	三	四	五	六
	十七	十八	十九	二十	蔡哀侯獻舞元年
	四	五	六	七	八
	三諸侯伐我報宋故	四祭仲立忽公出居櫟	鄭昭公元年忽母鄧女祭仲取之	二渠弥殺昭公	鄭子亹元年齊殺子亹昭公弟
	十三	燕桓公元年	二	三	四

						甲午
四周公欲殺王而立子克王誅周公克奔燕	五	六	七	八	九	十
魯莊公同元年	二	三	四	五齊与衛伐納惠公	六	七星隕如雨与
五	六	七	八伐紀去其都邑	九	十	十一
十四	十五	十六	十七	十八	十九	二十
五	六	七	八	九	十	十一
四十八	四十九	五十	五十一王伐隨夫人心動王卒軍中	楚文王貲元年始都郢	二伐申過鄧鄧人曰楚可取鄧侯不許	三
十八	十九	宋湣公捷元年	二	三	四	五
四	五	六	七	八	九	十齊立
七	陳宣公杵臼元年杵臼莊公弟	二	三	四	五	六
二	三	四	五	六	七	八
九	十	十一	十二	十三	十四	十五
鄭子嬰元年子亹之弟	二	三	四	五	六	七
五	六	七	燕莊公元年	二	三	四

	十一	十二	十三	十四	十五	釐王元年	二
雨借	八 子糾來奔与管仲俱避毋知乱	九 魯欲与糾入後小白齊距魯使生致管仲	十 齊伐我為糾故	十一 臧文仲弔宋水	十二	十三 曹沫劫桓公反所亡地	十四
	十二 毋知弑君自立	齊桓公小白元年春齊殺毋知	二	三	四	五 与魯人會柯	六
	二十一	二十二	二十三	二十四	二十五	二十六	二十七
	十二	十三	十四	十五	十六	十七	十八
	四	五 息夫人陳女過蔡蔡不礼惡之	六 伐蔡獲哀侯以歸	七	八	九	十
	六	七	八	九 宋大水公自罪魯使臧文仲來弔	十 万殺君仇牧有義	宋桓公御說元年莊公子	二
惠公黔牟奔周	衛惠公朔復入十四年	十五	十六	十七	十八	十九	二十
	七	八	九	十	十一	十二	十三
	九	十	十一 楚虜我侯	十二	十三	十四	十五
	十六	十七	十八	十九	二十	二十一	二十二
	八	九	十	十一	十二	十三	十四
	五	六	七	八	九	十	十一

		甲辰		
三	四	五	惠王元年取陳后	二 燕衛伐王
十五	十六	十七	十八	十九
七 始霸會諸侯於鄄	八	九	十	十一
二十八 曲沃武公滅晉侯湣以寶獻周周命武公爲晉君并其地	晉武公稱并晉已立三十八年不更元因其元年	二十九 武公卒子詭諸立爲獻公	晉獻公詭諸元年	二
十九	二十 葬雍初以人從死	秦德公元年武公弟	二 初作伏祠磔狗邑四門	秦宣公
十一	十二 伐鄧滅之	十三	堵敖囏元年 徐廣曰一作動。索隱曰囏音艱系家作莊敖劉音壯此作堵敖劉氏云亦作杜堵杜声相近又與系家乖未詳其由也	二
三	四	五	六	七 取衛
二十一	二十二	二十三	二十四	二十五
十四	十五	十六	十七	十八
十六	十七	十八	十九	二十
二十三	二十四	二十五	二十六	二十七
鄭厲公元年 厲公亡後七歲復入	二 諸侯伐我	三	四	五
十二	十三	十四	十五	十六 伐王

王奔温立子頹	三	四誅頹入惠王	五		六	七	八	九
	二十	二十一	二十二		二十三公如齊觀社	二十四	二十五	二十六
	十二	十三	十四陳完自陳來奔田常始此也○正義曰齊桓公十四年陳宣公	二十一年周惠王之五年	十五	十六	十七	十八
	三	四	五伐驪戎得姬		六	七	八盡殺故晉侯羣公子	九始城絳都之
元年	二	三	四作密時		五	六	七	八
	三	四	五弟惲殺堵敖自立		楚成王惲元年	二	三	四
女叉公弟	八	九	十		十一	十二	十三	十四
	二十六	二十七	二十八		二十九	三十	三十一	衛懿公赤元年
	十九	二十	二十一厲公子完奔齊		二十二	二十三	二十四	二十五
	蔡穆侯肸元年	二	三		四	五	六	七
	二十八	二十九	三十		三十一	曹釐公夷元年	二	三
	六	七救周乱入王	厲文公捷元年		二	三	四	五
王奔温立子頹	十七鄭執我仲父	十八	十九		二十	二十一	二十二	二十三

甲寅						
十 賜齊侯命	十一	十二	十三	十四	十五	十六
二十七	二十八	二十九	三十	三十一	三十二 莊公弟叔牙鴆死子般季友奔陳立湣公	魯湣公開元年
十九	二十	二十一	二十二	二十三 伐山戎為燕也	二十四	二十五
十	十一	十二 太子申生居曲沃重耳居蒲城夷吾居屈驪姬故	十三	十四	十五	十六 伐魏取霍始封趙夙耿畢万魏始此
九	十	十一	十二	秦成公元年	二	三
五	六	七	八	九	十	十一
十五	十六	十七	十八	十九	二十	二十一
二	三	四	五	六	七	八 翟伐我公好鶴士不戰滅我国
二十六	二十七	二十八	二十九	三十	三十一	三十二
八	九	十	十一	十二	十三	十四
四	五	六	七	八	九	曹昭公元年
六	七	八	九	十	十一	十二
二十四	二十五	二十六	二十七	二十八	二十九	三十

			甲子	
十七	十八	十九	二十	二十一
二慶父殺湣公季友自陳立申為釐公殺慶父	魯釐公申元年哀姜喪自齊至	二	三	四
二十六	二十七殺女弟魯莊公夫人淫故	二十八為衛築楚丘救戎狄伐	二十九与蔡姬共舟蕩公公怒歸蔡姬	三十率諸侯伐蔡蔡潰遂
十七申生將軍君子知其廢	十八	十九荀息以幣假道于虞以伐虢滅下陽	二十	二十一申生以驪姬譖自殺
四	秦穆公任好元年	二	三	四迎婦於晉
十二	十三	十四	十五	十六齊伐我至陘使屈完
二十二	二十三	二十四	二十五	二十六
國怨惠公亂滅其後更立黔牟弟衛戴公元年	衛文公燬元年戴公弟也	二齊桓公率諸侯為我城楚丘	三	四
三十三	三十四	三十五	三十六	三十七
十五	十六	十七	十八以女故齊伐我	十九
二	三	四	五	六
十三	十四	十五	十六	十七
三十一	三十二	三十三	燕襄公元年	二

	二十二	二十三	二十四	二十五襄王立畏太叔徐廣曰皇甫謐云二十四年惠王崩	襄王元年諸侯立王
	五	六	七	八	九齊率戎伐晉乱至高梁還
伐楚責包茅貢	三十一	三十二率諸侯伐鄭	三十三	三十四	三十五夏會諸侯于葵丘天子使宰孔
重耳奔蒲夷吾奔屈	二十二滅虞虢重耳奔狄	二十三夷吾奔梁	二十四	二十五伐翟以重耳故	二十六公卒立奚齊里克殺之及
	五	六	七	八	九夷吾使郤芮賂求入夷吾
盟	十七	十八伐許許公肉袒謝楚從之	十九	二十	二十一
	二十七	二十八	二十九	三十公疾太子兹父讓兄目夷賢公不聽	三十一公薨未葬齊蔡會葵丘
	五	六	七	八	九
	三十八	三十九	四十	四十一	四十二
	二十	二十一	二十二	二十三	二十四
	七	八	九	曹共公元年	二
	十八	十九	二十	二十一	二十二
	三	四	五	六	七

				甲戌
	二	三 戎伐我，太叔帶召之，欲誅叔帶，叔帶奔齊	四	五
	十	十一	十二	十三
賜胙命無拜	三十六 使隰朋立晉惠公	三十七	三十八 使管仲平戎于周，欲以上卿禮，讓，受下卿	三十九 使仲孫請王，言王叔帶，王怒
卓子立夷吾	晉惠公夷吾元年 誅里克，倍秦約	二	三	四 饑，請粟，秦與我
	十 丕鄭子豹亡來	十一 救王伐戎，戎去	十二	十三 丕豹欲無與，公不聽，輸晉粟，起雍至絳
	二十二	二十三 伐黃	二十四	二十五
	宋襄公茲父元年 目夷相	二	三	四
	十	十一	十二	十三
	四十三	四十四	四十五	陳穆公款元年
	二十五	二十六	二十七	二十八
	三	四	五	六
	二十三	二十四 有妾夢夫與之蘭，生穆公，蘭	二十五	二十六
	八	九	十	十一

六	七	八		九	十	十一
十四	十五 五月日有食之不書史官失之	十六		十七	十八	十九
四十	四十一	四十二 王以戎寇告齊	齊徵諸侯戍周	四十三	孝公昭元年	二
五 秦饑請粟晉倍之	六 秦虜惠公復立之	七 重耳聞管仲死去翟	之齊	八	九	十
十四	十五 以盜食善馬士得破晉	十六 為河東置官司		十七	十八	十九 滅梁梁好成不居民罷相驚故亡索
二十六 滅英	二十七	二十八		二十九	三十	三十一
五	六	七 隕五石六鶂退飛過	我都	八	九	十
十四	十五	十六		十七	十八	十九
二	三	四		五	六	七
二十九	蔡莊公甲午元年	二		三	四	五
七	八	九		十	十一	十二
二十七	二十八	二十九		三十	三十一	三十二
十二	十三	十四		十五	十六	十七

					甲申	
	十二	十三	十四叔帶復歸於周		十五	十六王奔氾氾鄭地也索隱曰
	二十	二十一	二十二		二十三	二十四
	三	四	五歸王弟帶		六伐宋以其不同盟	七
	十一	十二	十三太子圉質秦亡歸索隱曰圉晉惠公夷吾之子	也音傑質音致又如字	十四圉立為懷公	晉文公元年誅子圉魏武為魏大夫趙衰為
隱曰好去聲罷音皮	二十	二十一	二十二		二十三迎重耳於楚厚禮之妻之女重耳願歸	二十四以兵送重耳
	三十二	三十三執宋襄公復歸之	三十四		三十五重耳過厚禮之	三十六
	十一	十二召楚盟	十三泓之戰楚敗之索隱曰穀梁傳戰於泓	水之上系家云十二年宋師大敗傷股	十四公疾死泓戰	宋成公王臣元
	二十	二十一	二十二		二十三重耳從齊過無禮	二十四
	八	九	十		十一	十二
	六	七	八		九	十
	十三	十四	十五		十六重耳過無禮僖負羈私善	十七
	三十三	三十四	三十五君如楚宋	伐我	三十六重耳過無禮叔詹諫	三十七
	十八	十九	二十		二十一	二十二

汜音九又音似	十七晉納王	十八	十九		二十王狩河陽	二十一
	二十五	二十六	二十七		二十八公如踐土會朝	二十九
	八	九	十孝公薨弟潘因	衛子開方殺孝公子立潘	齊昭公潘元年會晉敗楚朝周王	二
原大夫咎犯曰求霸莫如內王	二	三宋服	四救宋報曹	衛恥	五侵曹伐衛取五鹿執曹伯諸侯敗楚而朝河陽周命賜公土地	六
	二十五欲內王軍河上	二十六	二十七		二十八會晉伐楚朝周	二十九
	三十七	三十八	三十九使子玉伐	宋	四十晉敗子玉于城濮	四十一
年	二	三倍楚親晉	四楚伐我我告急	於晉	五晉救我楚去	六
	二十五	衛成公鄭元年	二		三晉伐我取五鹿公出奔立公子瑕會晉朝復歸晉	四晉以衛與宋
	十三	十四	十五		十六會晉伐楚朝周王	陳共公朔元年
	十一	十二	十三		十四晉伐我執公復歸之	十五
	十八	十九	二十		二十一晉伐我執公復歸之	二十二
	三十八	三十九	四十		四十一	四十二
	二十三	二十四	二十五		二十六	二十七

			甲午		
二十二	二十三	二十四	二十五	二十六	二十七
三十	三十一	三十二	三十三 僖公薨	魯文公興元年	二
三	四	五	六 狄侵	七 伐衛衛伐我	八
七 聽周歸衛成公與秦圍鄭	八	九 文公薨	晉襄公驩元年 破秦於崤	二	三 秦報我崤敗于汪
三十 圍鄭有言即去	三十一	三十二 將襲鄭蹇叔曰不可	三十三 襲鄭晉敗我崤	三十四 敗崤將亡歸公復其官	三十五 伐晉報崤敗我
四十二	四十三	四十四	四十五	四十六 王欲殺太子立職太子恐與傅潘崇殺王王欲食熊蹯死不聽自立為王	楚穆王商臣元年 以其太子宅賜
七	八	九	十	十一	十二
五 周入成公復衛	六	七	八	九 晉伐我我伐晉	十
二	三	四	五	六	七
十六	十七	十八	十九	二十	二十一
二十三	二十四	二十五	二十六	二十七	二十八
四十三 秦晉圍我以晉故	四十四	四十五 文公薨	鄭穆公蘭元年 秦襲我弦高詐之	二	三
二十八	二十九	三十	三十一	三十二	三十三

	二十八	二十九	三十		三十一	三十二
	三 公如晉	四	五		六	七
	九	十	十一		十二	十三
	四 秦伐我取王官我不出	五 伐秦圍邧新城索隱曰邧音阮	六 趙成子欒貞子霍伯臼季皆卒	索隱曰成子名衰貞子名枝霍伯先且居也封之於霍臼季胥臣也四大夫皆此年卒	七 公卒趙盾爲太子少欲更立君恐誅遂立太子爲靈公	晉靈公夷
于汪	三十六 以孟明等伐晉晉不敢出	三十七 晉伐我圍邧新城	三十八		三十九 繆公薨葬殉以人從死者百七十人君子譏之故不言卒	秦康公罃
崇爲相	二 晉伐我	三 滅江	四 滅六蓼		五	六
	十三	十四	十五		十六	十七 公孫
	十一	十二 公如晉	十三		十四	十五
	八	九	十		十一	十二
	二十二	二十三	二十四		二十五	二十六
	二十九	三十	三十一		三十二	三十三
	四	五	六		七	八
	三十四	三十五	三十六		三十七	三十八

				甲辰	
	三十三 襄王崩	頃王元年		二	三
	八 王使衛來求金以葬非禮	九		十	十一 敗長翟于鹹而歸得長翟
	十四	十五		十六	十七
皐元年趙盾專政	二 秦伐我取武城報令狐之戰	三 率諸侯	救鄭	四 伐秦拔少梁秦取我北徵索隱曰徵音澄蓋今之澄城也	五
元年 索隱曰罃音乙耕反	二	三		四 晉伐我取少梁我伐晉取北徵	五
	七	八 伐陳	以其服晉	九	十
固殺成公	宋昭公杵臼元年 襄公之子徐廣曰一云成公少子索隱曰徐廣說是也	二		三	四 敗長翟長丘
	十六	十七		十八	十九
	十三	十四		十五	十六
	二十七	二十八		二十九	三十
	三十四	三十五		曹文公壽元年	二
	九	十 楚伐	我	十一	十二
	三十九	四十		燕桓公元年	二

四	五傾王崩	六公卿爭政故不赴	匡王元年	二	三
十二	十三	十四彗星入北斗周史曰十年齊君晉君死	十五六月辛丑日蝕齊伐我	十六	十七齊伐我
十八	十九	二十昭公卒弟商人殺大子自立是爲懿公	齊懿公商人元年	二不得民心	三伐魯
六秦取我羈馬与秦戰河曲秦師遁	七得隨會	八趙盾以車八百乘納捷菑平王室	九我入蔡	十	十一率諸侯平宋
六伐晉取羈馬怒與我大戰河曲	七晉詐得隨會	八	九	十	十一
十一	十二	楚莊王侶元年	二	三滅庸	四
五	六	七	八	九襄夫人使衛伯殺昭公弟鮑立	宋文公鮑元年昭公
二十	二十一	二十二	二十三	二十四	二十五
十七	十八	陳靈公平國元年	二	三	四
三十一	三十二	三十三	三十四晉伐我莊侯甍	蔡文公申元年	二
三	四	五	六齊入我郛	七	八
十三	十四	十五	十六	十七	十八
三	四	五	六	七	八

			甲寅
	四	五	六 匡王崩
	十八 襄仲殺嫡立庶子為宣公	魯宣公倭元年 魯立宣公不正公室卑	二
	四 公刖邴歜父而奪閻職妻二人共殺公立悼公子惠公	齊惠公元年 取魯濟西之田	二 王子成父敗長翟
	十二	十三 趙盾救陳宋伐鄭	十四 趙穿殺靈公趙盾使趙穿迎公子黑臀于周立之趙氏賜公族
	十一	秦共公和元年	二
	五	六 伐宋陳以倍我服晉故	七
弟晉率諸侯平我	二	三 楚鄭伐我以我倍楚故也	四 華元以羊羹陷鄭
	二十六	二十七	二十八
	五	六	七
	三	四	五
	九	十	十一
	十九	二十 與楚侵陳遂侵宋晉使趙盾伐我以倍晉故	二十一 與宋師戰獲華元
	九	十	十一

定王元年	二	三	四	五	六	七
三	四	五	六	七	八 七月日蝕	九
三	四	五	六	七	八	九
晉成公黑臀元年伐鄭	二	三 中行桓子荀林父救鄭伐陳	四 與鄭侵陳	五	六 與魯伐秦獲秦諜殺之絳市六日而蘇	七 使桓子伐鄭
三	四	五	秦桓公元年	二	三 晉伐我獲諜	四
八 伐陸渾至雒問鼎輕重	九 若敖氏為亂滅之伐鄭	十	十一	十二	十三 伐陳滅舒蓼	十四 伐鄭
五 贖華元亡歸圍曹	六	七	八	九	十	十一
二十九	三十	三十一 楚伐鄭與我平晉中行桓子距楚救鄭伐我	三十二 與晉侵陳	三十三	三十四	三十五
八	九	十	十一 晉衛侵我	十二	十三 楚伐我滅舒蓼	十四
六	七	八	九	十	十一	十二
十二 宋圍我	十三	十四	十五	十六	十七	十八
二十二 華元亡歸	鄭靈公夷元年公子歸生以黿故殺靈公	鄭襄公堅元年靈公庶弟楚伐晉來救	二	三	四	五 楚伐
十二	十三	十四	十五	十六	燕宣公元年	二

			甲子			
	八	九	十	十一	十二	十三
	十 四月日蝕	十一	十二	十三	十四	十五 初稅畝
	十 公卒崔杼有寵高國奔衛	齊頃公無野元年	二	三	四	五
伐楚以諸侯師伐陳救鄭成公殺	景公據元年與宋伐鄭	二	三 救鄭為楚所敗河上	四	五 伐鄭	六 救宋執解楊有使節秦伐我
	五	六	七	八	九	十 伐晉
晉郤缺救鄭敗我	十五	十六 率諸侯誅陳夏徵舒立陳靈公子午	十七 圍鄭鄭伯肉袒謝釋之	十八	十九 圍宋為殺使者	二十 圍宋五月華元告子反以誠楚罷
	十二	十三	十四 伐陳	十五	十六 殺楚使者楚圍我	十七 華元告楚楚去
	衛穆公遫元年齊高國來奔	二	三	四	五	六
	十五 夏徵舒以其母辱殺靈公	陳成公午元年靈公太子	二	三	四	五
	十三	十四	十五	十六	十七	十八
	十九	二十	二十一	二十二	二十三 文公薨	曹宣公盧元年
我晉來救敗楚師	六 晉宋楚伐我	七	八	九	十 晉伐我	十一 佐楚伐宋執解楊
	三	四	五 楚圍我我卑辭以解	六	七	八

						甲戌
十四	十五	十六	十七	十八	十九	二十
十六	十七 日蝕	十八 宣公薨	魯成公黑肱元年	二 春齊取我隆 與晉伐齊齊歸我汶陽竊與楚盟	三 會晉宋衛曹伐鄭	四 公如晉晉不敬公欲倍
六	七 晉使郤克來齊婦人笑之克怒歸去	八 晉伐敗我	九	十 晉郤克敗公於鞌虜逢丑父	十一 頃公如晉欲王晉晉不敢受	十二
七 隨會滅赤翟	八 使郤克使齊婦人笑之克怒歸	九 伐齊質子彊兵罷	十	十一 與曹敗齊	十二 始置六卿率諸侯伐鄭	十三 魯公來不敬
十一	十二	十三	十四	十五	十六	十七
二十一	二十二	二十三 莊王薨	楚共王審元年	二 秋申公巫臣竊徵舒母奔晉以為邢大夫冬伐衛魯救齊	三	四 子反救鄭
十八	十九	二十	二十一	二十二	宋共公瑕元年	二
七	八	九	十	十一 穆公薨與諸侯敗齊反侵地楚伐我	衛定公臧元年	二
六	七	八	九	十	十一	十二
十九	二十 文侯薨	蔡景侯固元年	二	三	四 伐鄭	五
二	三	四	五	六	七	八
十二	十三	十四	十五	十六	十七 晉率諸侯伐我	十八 晉欒書取
九	十	十一	十二	十三	十四	十五

	二十一	簡王元年	二		三	四	五
晉合於楚	五	六	七		八	九	十 公如晉送葬諱之
	十三	十四	十五		十六	十七 頃公薨	齊靈公環元年
	十四 梁山崩伯宗隱其人而用其言	十五 使欒書救鄭遂侵蔡	十六 以巫臣始通於	吳而謀楚	十七 復趙武田邑侵蔡	十八 執鄭成公伐鄭秦伐我	十九
	十八	十九	二十		二十一	二十二 伐晉	二十三
	五 伐鄭倍我故也鄭悼公來訟	六	七 伐鄭		八	九 救鄭冬與晉成	十
	三	四	五		六	七	八
	三	四	五		六	七	八
	十三	十四	十五		十六	十七	十八
	六	七 晉侵我	八		九 晉侯伐我	十	十一
	九	十	十一		十二	十三	十四
我范襄公薨	鄭悼公費元年公如楚訟	二 悼公薨楚伐我晉使欒書來救	鄭成公睔元年悼公弟也楚伐	我索隱曰睔音古困反	二	三 與楚盟公如晉執公伐我	四 晉率諸侯伐我
	燕昭公元年	二	三		四	五	六
		吳壽夢元年	二 巫臣來謀伐楚		三	四	五

			甲申				
六	七	八	九	十	十一	十二	十三
十二	十三	十三 會晉伐秦	十四	十五 始與吳通會鍾離	十六 宣伯告晉欲殺季文子文子得以義脫	十七	十八 成公薨
二	三	四 伐秦	五	六	七	八	九
晉厲公壽曼元年	二	三 伐秦至涇敗之獲其將成差	四	五 三郤讒伯宗殺之伯宗好直諫	六 敗楚鄢陵	七	八 欒書中
二十四 與晉侯夾河盟歸倍盟	二十五	二十六	二十七	秦景公元年	二	三	四
十一	十二	十三	十四	十五 許畏鄭請徙葉	十六 救鄭不利子反醉軍敗殺子反歸	十七	十八 為魚
九	十	十一 晉率我伐秦	十二	十三 宋華元奔晉復還	宋平公成元年	二	三 楚伐
九	十	十一	十二 定公薨	衛獻公衎元年	二	三	四
十九	二十	二十一	二十二	二十三	二十四	二十五	二十
十二	十三	十四	十五	十六	十七	十八	十九
十五	十六	十七 晉率我伐秦	曹成公負芻元年	二 晉執我公以歸	三	四	五
五	六	七 伐秦	八	九	十 倍晉盟楚晉伐我楚來救	十一 昭公薨	十二 與楚
七	八	九	十	十一	十二	十三	燕武
六	七	八	九	十 與魯會鍾離	十一	十二	十三

							甲午
	十四 簡王崩	靈王元年 生有髭	二		三	四	五
	魯襄公午元年 圍宋彭城	二 會晉城虎牢	三		四 公如晉	五 季文子卒	六
	十 我不救鄭晉伐我使太子光質於晉	十一	十二 伐吳		十三	十四	十五
行偃殺厲公立襄公孫為悼公	晉悼公元年 圍宋彭城	二 率諸侯伐鄭城虎牢	三 魏絳	辱楊干	四 魏絳說和戎狄狄朝晉	五	六
	五	六	七		八	九	十
石伐宋彭城	十九 侵宋救鄭	二十	二十一 使子重伐吳至	衡山使何忌侵陳	二十二 伐陳	二十三 伐陳	二十四
彭城封魚石	四 楚侵我取犬丘晉誅魚石歸我彭城	五	六		七	八	九
	五 圍宋彭城	六	七		八	九	十
六	二十七	二十八	二十九 倍楚	盟楚侵我	三十 楚伐我	成公薨 陳哀公弱元年	二
	二十	二十一	二十二		二十三	二十四	二十五
	六	七	八		九	十	十一
伐宋	十三 晉伐取我兵次洧上楚來救	十四 成公薨 晉率諸侯伐我	鄭釐公惲	元年	二	三	四
公元年	二	三	四		五	六	七
	十四	十五	十六	楚伐我	十七	十八	十九

六	七	八	九王叔奔晉	十	十一
七	八公如晉	九與晉伐鄭會河上問公年十一可冠於衛	十楚鄭侵我西鄙	十一三桓分為三軍各將軍	十二公如晉
十六	十七	十八與晉伐鄭	十九令太子光高厚會諸侯鍾離	二十	二十一
七	八	九率齊宋衛曹伐鄭秦伐我	十率諸侯伐鄭荀罃伐秦	十一率諸侯伐鄭秦敗我櫟吾用魏絳九合諸侯	十二
十一	十二	十三伐晉楚為我援	十四晉伐我	十五我使庶長鮑伐晉救魏敗之櫟	十六
二十五圍陳	二十六伐鄭	二十七伐鄭師于武城為秦	二十八使子囊救鄭	二十九鄭晉伐我	三十
十	十一	十二晉率我伐鄭師	十三鄭伐我衛來救	十四楚伐我	十五
十一	十二	十三晉率我伐鄭師曹鞭公幸妾	十四救宋	十五救鄭敗晉師櫟	十六
三楚圍我為公亡歸	四	五	六	七	八
二十六	二十七鄭侵我	二十八晉師我伐鄭	二十九	三十	三十一
十二	十三	十四	十五	十六	十七
五子駟使賊夜殺釐公詐以病卒赴諸侯	鄭簡公喜元年釐公子	二誅子駟晉率諸侯伐我我與盟楚怒伐我	三晉率諸侯伐我楚來救子孔作亂子產攻之	四與楚伐宋晉率諸侯伐我秦來救	五
八	九	十	十一	十二	十三
二十	二十一	二十二	二十三	二十四	二十五壽夢卒

			甲辰		
十二	十三	十四	十五	十六	十七
十三	十四 日蝕	十五 日蝕齊伐我	十六 齊伐我地震齊復伐我北鄙	十七 齊伐我北鄙	十八 與晉伐齊
二十二	二十三 衛獻公來奔	二十四 伐魯	二十五 伐魯	二十六 伐魯	二十七 晉圍臨淄晏嬰大破之
十三	十四 率諸侯大夫伐秦敗棫林索隱曰棫音域	十五 悼公薨	晉平公彪元年伐敗楚子湛坂索隱曰湛音視林反地名也	二	三 率魯宋衛鄭圍齊大破之
十七	十八 晉諸侯大夫伐我敗棫林	十九	二十	二十一	二十二
三十一 吳伐我敗之共王薨	楚康王招元年共王太子出奔吳索隱曰系本名招	二	三 晉伐我敗湛坂	四	五 伐鄭
十六	十七	十八	十九	二十 伐陳	二十一 晉帥我伐齊
十七	十八 孫文子攻公公奔齊立定公弟狄	衛殤公狄元年定公弟	二	三 伐曹	四
九	十	十一	十二	十三 宋伐我	十四
三十二	三十三	三十四	三十五	三十六	三十七
十八	十九	二十	二十一	二十二 伐衛	二十三 成公薨
六	七	八	九	十	十一 晉率我圍齊楚伐我
十四	十五	十六	十七	十八	十九 武公薨
吳諸樊元年楚敗我	二 季子讓位楚伐我	三	四	五	六

十八	十九	二十	二十一	二十二	二十三	二十四
十九	二十 日蝕	二十一 公如晉日再蝕	二十二 孔子生	二十三	二十四 侵齊日再蝕	二十五
二十八 廢光立子牙為太子光與崔杼殺牙自立晉衛伐我	齊莊公元年	二	三 晉欒逞來奔晏嬰曰不如歸之索隱曰音盈晉大夫也	四 欲遣欒逞入曲沃伐晉取朝歌	五 畏晉通楚晏子謀	六 晉伐我報
四 與衛伐齊	五	六 魯襄公來殺羊舌虎	七 欒逞奔齊	八	九	十 伐齊
二十三	二十四	二十五	二十六	二十七	二十八	二十九
六	七	八	九	十	十一 與齊通率陳蔡伐鄭救齊	十二 吳伐我以報舟
二十二	二十三	二十四	二十五	二十六	二十七	二十八
五 晉率我伐齊	六	七	八	九 齊伐我	十	十一
十五	十六	十七	十八	十九	二十 楚率我伐鄭	二十一
三十八	三十九	四十	四十一	四十二	四十三 楚率我伐鄭	四十四
曹武公勝元年	二	三	四	五	六	七
十二 子產為卿	十三	十四	十五	十六	十七 子產曰范宣子為政我請伐陳	十八 伐陳入陳
燕文公元年	二	三	四	五	六	燕懿
七	八	九	十	十一	十二	十三

	甲寅			
	二十五	二十六	二十七	景王元年
齊伐我北鄙以報孝伯之師	二十六	二十七 日蝕	二十八 公如楚葬康王	二十九 吳季子來觀周樂盡知樂所為
朝歌崔杼以莊公通其妻殺之立其弟為景公	齊景公杵臼元年 如晉請歸衛獻公	二 慶封欲專誅崔氏杼自殺	三 冬鮑高欒氏謀慶封發兵攻慶封慶封奔吳	四 吳季札來使與晏嬰歡
至高唐報太行之役	十一 誅衛殤公復入獻公	十二	十三	十四 吳季札來曰晉政卒歸韓魏趙
公如晉盟不結	三十	三十一	三十二	三十三
師之役射殺吳王	十三 率陳蔡伐鄭	十四	十五 康王薨	楚熊郟敖元年
	二十九	三十	三十一	三十二
	十二	衛獻公衎後元年	二	三
鄭伐我	二十二 楚率我伐鄭	二十三	二十四	二十五
	四十五	四十六	四十七	四十八
	八	九	十	十一
	十九 楚率陳蔡伐我	二十	二十一	二十二 季札謂子產曰政將歸子子以禮幸脫於戹矣
公元年	二	三	四 懿公薨	燕惠公元年 齊高止來奔
諸樊伐楚迫巢門傷射以薨	吳餘祭元年	二	三 齊慶封來奔	四 守門閽殺餘祭季札使諸侯

二	三	四		五	六	七
三十	三十一 襄公薨昭公年十九有童心	魯昭公稠元年		二 公如晉至河晉謝還之	三 晏嬰使晉見叔向曰齊政歸田氏叔向曰晉公室卑	四 稱病不會楚
五	六	七		八 齊田無宇送女	九	十
十五	十六	十七 秦后子來奔		十八 齊田無宇來送女	十九	二十
三十四	三十五	三十六 秦后子來奔晉	車千乘	三十七	三十八	三十九
二	三 王季父圍爲令尹	四 令尹圍殺郟敖自立	靈王	楚靈王圍元年共王子肘玉	二	三 夏合諸侯宋地盟伐吳朱方誅
三十三	三十四	三十五		三十六	三十七	三十八
衛襄公惡元年	二	三		四	五	六 稱病不會
二十六	二十七	二十八		二十九	三十	三十一
四十九 爲太子取楚女公通焉太子殺公自立	蔡靈侯班元年	二		三	四	五
十二	十三	十四		十五	十六	十七 稱病不
二十三 諸公子爭寵相殺子產子成止之	二十四	二十五		二十六	二十七 夏如晉冬如楚	二十八 子產曰三國不
二	三	四		五	六 公欲殺公卿立幸臣公卿誅幸臣公恐出奔齊	七
五	六	七		八	九	十 楚誅慶封

	甲子						
	八	九	十		十一	十二	十三
	五	六	七 季武子卒 日蝕		八 公如楚楚召之賀章華臺	九	十 四月日蝕
	十一	十二 公如晉請伐燕入其君	十三 入燕君		十四	十五	十六
	二十一 秦后子歸秦	二十二 齊景公來請伐燕入其君	二十三 入燕君		二十四	二十五	二十六 春有星出
	四十 公卒 后子自晉歸	秦襄公元年	二		三	四	五
慶封冬報我取五城	四 率諸侯伐吳	五 伐吳次乾谿	六 執芊尹亡人入	章華	七 就章華臺內亡人實之滅陳	八 弟棄疾將兵定陳	九
	三十九	四十	四十一		四十二	四十三	四十四 平公薨
楚	七	八	九 夫人姜氏無子		衛靈公元年	二	三
	三十二	三十三	三十四		三十五 弟招作亂襄公自殺	陳惠公吳元年 哀公孫也 楚來定我	二
	六	七	八		九	十	十一
會楚	十八	十九	二十		二十一	二十二	二十三
會	二十九	三十	三十一		三十二	三十三	三十四
	八	九 齊伐我	燕悼公元年	惠公歸至卒	二	三	四
	十一 楚率諸侯伐我	十二 楚伐我次乾谿	十三		十四	十五	十六

						甲戌	
周		十四	十五	十六	十七	十八 后太子卒	十九
魯		十一	十二 朝晉至河晉謝之歸	十三	十四	十五 日蝕	十六 公如晉晉留之葬公恥之
齊		十七	十八 公如晉	十九	二十	二十一	二十二
晉	婺女十月公薨	晉昭公夷元年	二	三	四	五	六 公卒六卿彊公室卑矣
秦		六	七	八	九	十	十一
楚		十 醉殺蔡侯使棄疾圍之棄疾居之為蔡侯	十一 王伐舒以恐吳次乾谿民罷於役怨王	十二 棄疾作亂自立 靈王自殺復陳蔡	楚平王居元年共王子抱玉	二 王為太子取秦女好自取之	三
宋		宋元公佐元年	二	三	四	五	六
衛		四	五 公如晉朝嗣君	六	七	八	九
陳		三	四	五 楚平王復陳立 惠公	六	七	八
蔡		十二 靈侯如楚楚殺之使棄疾居之為蔡侯	蔡侯盧元年景侯子	二 楚平王復我立景侯子 盧 徐廣曰一本景侯子盧	三	四	五
曹		二十四	二十五	二十六	二十七	曹平公須元年	二
鄭		三十五	三十六 公如晉	鄭定公寧元年	二	三	四 火欲禳之子產曰不如修德
燕		五	六	七	燕共公元年	二	三
吳		十七	吳餘昧元年	二	三	四	吳僚元年

二十	二十一	二十二	二十三		二十四	二十五	敬王元年
十七正月朔日蝕彗星見辰	十八	十九地震	二十齊景公與晏子狩入魯問	禮	二十一公如晉至河晉謝之歸月蝕	二十二日蝕	二十三地震
二十三	二十四	二十五	二十六獵魯界因入魯		二十七	二十八	二十九
晉頃公棄疾元年	二	三	四		五	六周室亂公平亂立敬王	七
十二	十三	十四	十五		十六	十七	十八
四與吳戰	五	六	七誅伍奢尚太子建奔宋伍	胥奔吳	八蔡侯來奔	九	十吳伐敗我
七	八火	九	十公毋信詐殺公子楚太子建來	奔見亂之鄭	十一	十二	十三
十	十一火	十二	十三		十四	十五	十六
九	十火	十一	十二		十三	十四	十五吳敗我兵取胡沈
六	七	八	九平公薨靈公孫東國殺平	侯子而自立	蔡悼侯東國元年奔楚	二	三
三	四平公薨	曹悼公午元年	二		三	四	五
五	六火	七	八楚太子建從宋來奔		九	十	十一楚建作亂殺之
四	五共公薨	燕平公元年	二		三	四	五
二與楚戰	三	四	五伍員來奔		六	七	八公子光敗楚

	甲申				
二	三	四	五	六	七
二十四 鸜鵒來巢	二十五 公欲誅季氏三桓氏攻公公出居鄆 隱曰音運	二十六 齊取我鄆以處公	二十七	二十八 公如晉求入晉弗聽處之乾侯	二十九 公自乾侯如鄆齊侯曰主君公
三十	三十一	三十二 彗星見晏子曰田氏有德於齊可畏	三十三	三十四	三十五
八	九	十 知櫟趙鞅內王於王城	十一	十二 六卿誅公族分其邑各使其子爲大夫	十三
十九	二十	二十一	二十二	二十三	二十四
十一 吳卑梁人爭桑伐取我鍾離	十二	十三 欲立子西子西不肯秦女子爲昭王	楚昭王珍元年誅無忌以說衆	二	三
十四	十五	宋景公頭曼元年索隱曰曼音萬	二	三	四
十七	十八	十九	二十	二十一	二十二
十六	十七	十八	十九	二十	二十一
蔡昭侯申元年悼侯弟	二	三	四	五	六
六	七	八	九	曹襄公元年徐廣曰一作聲	二
十二	十三	十四	十五	十六	鄭獻公蠆
六 公如晉請內王	七	八	九	十	十一
九	十	十一	十二 公子光使專諸殺僚光立	吳闔閭元年	二

						甲午	
	八	九	十 晉使諸侯爲我築城	十一	十二	十三	十四 與晉率諸侯侵
恥之復之乾侯	三十	三十一 日蝕	三十二 公卒乾侯	魯定公宋元年昭公喪自乾侯至	二	三	四
	三十六	三十七	三十八	三十九	四十	四十一	四十二
	十四 頃公薨	晉定公午元年	二 率諸侯爲周築城	三	四	五	六 周與我率
	二十五	二十六	二十七	二十八	二十九	三十	三十一 楚包
	四 吳三公子來奔封以扞吳	五 吳伐我六潛	六	七 囊瓦伐吳敗我豫章蔡侯來朝索隱曰囊瓦楚大夫子常也子囊之孫	八	九 蔡昭侯留三歲得裘故歸	十 吳蔡伐我入郢昭王亡
	五	六	七	八	九	十	十一
	二十三	二十四	二十五	二十六	二十七	二十八	二十九 與
	二十二	二十三	二十四	二十五	二十六	二十七	二十八
	七	八	九	十 朝楚以裘故留	十一	十二 與子常裘得歸如晉請伐楚	十三 與衛爭長衛侵我吳與
	三	四	五 平公弟通殺襄公自立	曹隱公元年	二	三	四
	二	三	四	五	六	七	八
	十二	十三	十四	十五	十六	十七	十八
	三 三公子奔楚	四 伐楚六潛	五	六 楚伐我迎擊敗之取楚之居巢	七	八	九 與蔡伐楚入郢

楚	十五	十六王子朝之徒作亂故王奔晉	十七劉子迎王晉入王	十八	十九
	五陽虎執季桓子與盟釋之日蝕	六	七齊伐我	八陽虎欲伐三桓三桓攻陽虎虎奔陽關	九伐陽虎虎奔齊
	四十三	四十四	四十五侵衛伐魯	四十六魯伐我我伐魯	四十七囚陽虎虎奔晉
諸侯侵楚	七	八	九入周敬王	十伐衛	十一陽虎來奔
胥請救	三十二	三十三	三十四	三十五	三十六襄公薨
伍子胥鞭平王墓	十一秦救至吳去昭王復入	十二吳伐我番楚恐徙鄀索隱曰鄀音若	十三	十四子西爲民泣民亦位蔡昭侯恐	十五
	十二	十三	十四	十五	十六陽虎來奔
蔡爭長	三十	三十一	三十二齊侵我	三十三晉魯侵伐我	三十四
	陳懷公柳元年	二	三	四公如吳吳留之因死吳	陳湣公越元年
我伐楚郢	十四	十五	十六	十七	十八
	曹靖公路元年	二	三	四靖公薨	曹伯陽元年
	九	十魯侵我	十一	十二	十三獻公薨
	十九	燕簡公元年	二	三	四
	十	十一伐楚取番	十二	十三陳懷公來留之死於吳	十四

			甲辰		
二十	二十一	二十二	二十三	二十四	二十五
十 公會齊侯於夾谷孔子相齊歸我地索隱曰司馬彪郡國志夾谷在祝其縣西南	十一	十二 齊來歸女樂季桓子受之孔子行	十三	十四	十五 定公薨日蝕
四十八	四十九	五十 遺魯女樂	五十一	五十二	五十三
十二	十三	十四	十五 趙鞅伐范中行	十六	十七
秦惠公元年彗星見	二 生躁公懷公簡公	三	四	五	六
十六	十七	十八	十九	二十	二十一 滅胡以吳敗我倍之
十七	十八	十九	二十	二十一	二十二 鄭伐我
三十五	三十六	三十七 伐曹	三十八 孔子來祿之如魯	三十九 太子蒯聵出奔	四十
二	三	四	五	六 孔子來	七
十九	二十	二十一	二十二	二十三	二十四
二	三 國人有夢衆君子立社宮謀亡曹振鐸請待公孫彊許之	四 衛伐我	五	六 公孫彊好射獻鴈君使為司城夢者	七
鄭聲公勝元年鄭益弱	二	三	四	五 子產卒	六 伐宋
五	六	七	八	九	十
十五	十六	十七	十八	十九 伐越敗我傷闔閭指以死	吳王夫差元年

二十六	二十七	二十八	二十九	三十	三十一
魯哀公將元年	二	三 地震	四	五	六
五十四 伐晉	五十五 輸范中行氏粟	五十六	五十七 乞救范氏	五十八 景公薨立嬖姬子為太子	齊晏孺子元年 田乞詐立陽生殺孺子
十八 趙鞅圍范中行朝歌齊伐我	十九 趙鞅圍范中行鄭來救敗我	二十	二十一 趙鞅救邯鄲栢人有之	二十二 趙鞅敗范中行中行奔齊伐衛	二十三
七	八	九	十 惠公薨	秦悼公元年	二
二十二 率諸侯圍蔡	二十三	二十四	二十五	二十六	二十七 救陳王死
二十三	二十四	二十五 孔子過宋桓魋惡之	二十六	二十七	二十八 伐曹
四十一 伐晉	四十二 靈公薨蒯聵子輒立晉納太子蒯聵于戚	衛出公輒元年	二	三 晉伐我救范氏故	四
八 吳伐我	九	十	十一	十二	十三 吳伐我楚來救
二十五 楚伐我以吳怨故	二十六 畏楚私召吳人乞遷于州來州來近吳	二十七	二十八 大夫共誅昭侯	蔡成侯朔元年	二
八	九	十 宋伐我	十一	十二	十三 宋伐我
七	八 敗范中行氏與趙鞅戰於鐵敗我師	九	十	十一	十二
十一	十二	燕獻公元年	二	三	四
二 伐越	三	四	五	六	七 伐陳

	甲寅				
三十二	三十三	三十四	三十五	三十六	三十七
七 公會吳王于繒徵百牢季康子使子貢謝之	八 吳為邾伐我至城下盟而去齊取我三邑	九	十 與吳伐齊	十一 齊伐我冉有言故迎孔子孔子歸	十二 與吳會橐皋用田賦索隱曰橐音託皋音高縣名在壽春
齊悼公陽生元年	二 伐魯取三邑	三	四 吳魯伐我齊鮑子殺悼公齊人立其子任為簡公	齊簡公元年 魯與吳敗我	二
二十四 侵衛	二十五	二十六	二十七 使趙鞅伐齊	二十八	二十九
三	四	五	六	七	八
楚惠王章元年	二 子西召建子勝於吳為白公	三 伐陳陳與吳故	四 伐鄭	五	六 白公勝數請子西伐鄭以父怨故
二十九 侵鄭衛曹	三十 曹倍我我滅之	三十一 鄭圍我敗之于雍丘	三十二 伐鄭	三十三	三十四
五 晉侵我	六	七	八 孔子自陳來	九 孔子歸魯	十 公如晉與吳會橐皋
十四	十五	十六 倍楚與吳成	十七	十八	十九
三	四	五	六	七	八
十四 宋圍我鄭救我	十五 宋滅曹虜伯陽				
十三	十四	十五 圍宋敗我師雍丘伐我	十六	十七	十八 宋伐我
五	六	七	八	九	十
八 魯會我繒	九	十	十一 與魯伐齊救陳誅伍員	十二 與魯敗齊	十三 與魯會橐皋

三十八	三十九	四十	四十一	四十二
十三 與吳會黃池	十四 西狩獲麟衛出公來奔	十五 子服景伯使齊子貢爲介齊歸我侵地	十六 孔子卒	十七
三	四 田常殺簡公立其弟爲平公常相之專國權	齊平公鶩元年景公子也齊自是稱田氏索隱曰鶩音五高反	二	三
三十 與吳會黃池爭長	三十一	三十二	三十三	三十四
九	十	十一	十二	十三
七 伐陳	八	九	十 白公勝殺令尹子西攻惠王葉公攻白公白公自殺惠王復國	十一
三十五 鄭敗我師	三十六	三十七 熒惑守心子韋曰善	三十八	三十九
十一	十二 父蒯聵入輒出亡	衛莊公蒯聵元年	二	三 莊公辱戎州人戎州人與趙簡子攻莊公出奔
二十	二十一	二十二	二十三 楚滅陳殺湣公	二十四
九	十	十一	十二	十三
十九	二十	二十一	二十二	二十三
十一 敗宋師	十二	十三	十四	十五
十四 與晉會黃池	十五	十六	十七	十八 越敗我

甲子

四十三 敬王崩徐廣曰歲在甲子
十八 二十七卒
四 二十五卒
三十五 二十七卒
十四 卒子厲公立
十二 五十七卒
四十 六十四卒
衛君起 元年石專逐起出輒復入索隱曰傳音圃或作專音敷
十四 十九卒
二十四 三十八卒
十六 二十八卒
十九 二十二卒索隱曰二十三年滅

索隱述賛曰太史表次抑有條理起自共和訖於孔子十二諸侯各編年紀興亡繼及盛衰臧否惡不揜過善必揚美絕筆獲麟義取同恥

十二諸侯年表第二 史記十四